This Book Belongs to

_____

Birthday Summary

January

February

March

April

May

June

July

August

September

October

November

December

Notes & Records

Use this table to record additional information such as websites, stores for stationary or even ideas for letters and crafts.

Tracker

Use this table to record the pages of your penpal's profile to easily find their records.

Penpal Name	Page	Penpal Name	Page

Penpal Name	Page	Penpal Name	Page

Name: _____ _____

Address: _____

_____

City: _____ State: _____ Zip: _____

Country: _____ @ _____

Birthday: _____ Interests/Hobbies

_____ _____

_____ _____

_____ _____

SENT

RECEIVED

Date: _____

Tokens: _____

Notes: _____

_____

_____

Date: _____

Tokens: _____

Notes: _____

_____

_____

Date: _____

Tokens: _____

Notes: _____

_____

_____

Date: _____

Tokens: _____

Notes: _____

_____

_____

Date: _____

Tokens: _____

Notes: _____

_____

_____

Date: _____

Tokens: _____

Notes: _____

_____

_____

SENT	**RECEIVED**
Date:_____	Date:_____
Tokens: _____	Tokens: _____
Notes: _____	Notes: _____
_____	_____
_____	_____
Date:_____	Date:_____
Tokens: _____	Tokens: _____
Notes: _____	Notes: _____
_____	_____
_____	_____
Date:_____	Date:_____
Tokens: _____	Tokens: _____
Notes: _____	Notes: _____
_____	_____
_____	_____
Date:_____	Date:_____
Tokens: _____	Tokens: _____
Notes: _____	Notes: _____
_____	_____
_____	_____
Date:_____	Date:_____
Tokens: _____	Tokens: _____
Notes: _____	Notes: _____
_____	_____
_____	_____
Date:_____	Date:_____
Tokens: _____	Tokens: _____
Notes: _____	Notes: _____
_____	_____
_____	_____

Name: _____ _____

Address: _____

_____

City: _____ State: _____ Zip: _____

Country: _____ @ _____

Birthday: _____ Interests/Hobbies

_____ _____

_____ _____

_____ _____

SENT   **RECEIVED**

Date:_____   Date:_____
Tokens:_____   Tokens:_____
Notes: _____   Notes: _____
_____   _____
_____   _____

Date:_____   Date:_____
Tokens:_____   Tokens:_____
Notes: _____   Notes: _____
_____   _____
_____   _____

Date:_____   Date:_____
Tokens:_____   Tokens:_____
Notes: _____   Notes: _____
_____   _____
_____   _____

SENT	**RECEIVED**
Date:_____	Date:_____
Tokens:_____	Tokens:_____
Notes: _____	Notes: _____
_____	_____
_____	_____
Date:_____	Date:_____
Tokens:_____	Tokens:_____
Notes: _____	Notes: _____
_____	_____
_____	_____
Date:_____	Date:_____
Tokens:_____	Tokens:_____
Notes: _____	Notes: _____
_____	_____
_____	_____
Date:_____	Date:_____
Tokens:_____	Tokens:_____
Notes: _____	Notes: _____
_____	_____
_____	_____
Date:_____	Date:_____
Tokens:_____	Tokens:_____
Notes: _____	Notes: _____
_____	_____
_____	_____
Date:_____	Date:_____
Tokens:_____	Tokens:_____
Notes: _____	Notes: _____
_____	_____
_____	_____

Name: _____ _____

Address: _____

_____

City: _____ State: _____ Zip: _____

Country: _____ @ _____

Birthday: _____   Interests/Hobbies

_____ _____

_____ _____

_____ _____

SENT   **RECEIVED**

Date:_____   Date:_____
Tokens: _____   Tokens: _____
Notes: _____   Notes: _____
_____   _____
_____   _____

Date:_____   Date:_____
Tokens: _____   Tokens: _____
Notes: _____   Notes: _____
_____   _____
_____   _____

Date:_____   Date:_____
Tokens: _____   Tokens: _____
Notes: _____   Notes: _____
_____   _____
_____   _____

SENT	RECEIVED
Date:_____	Date:_____
Tokens:_____	Tokens:_____
Notes: _____	Notes: _____
_____	_____
_____	_____
Date:_____	Date:_____
Tokens:_____	Tokens:_____
Notes: _____	Notes: _____
_____	_____
_____	_____
Date:_____	Date:_____
Tokens:_____	Tokens:_____
Notes: _____	Notes: _____
_____	_____
_____	_____
Date:_____	Date:_____
Tokens:_____	Tokens:_____
Notes: _____	Notes: _____
_____	_____
_____	_____
Date:_____	Date:_____
Tokens:_____	Tokens:_____
Notes: _____	Notes: _____
_____	_____
_____	_____
Date:_____	Date:_____
Tokens:_____	Tokens:_____
Notes: _____	Notes: _____
_____	_____
_____	_____

Name: _____ _____

Address: _____

_____

City: _____ State: _____ Zip: _____

Country: _____ @ _____

Birthday: _____ Interests/Hobbies

_____ _____
_____ _____
_____ _____

SENT	**RECEIVED**
Date: _____	Date: _____
Tokens: _____	Tokens: _____
Notes: _____	Notes: _____
_____	_____
_____	_____
Date: _____	Date: _____
Tokens: _____	Tokens: _____
Notes: _____	Notes: _____
_____	_____
_____	_____
Date: _____	Date: _____
Tokens: _____	Tokens: _____
Notes: _____	Notes: _____
_____	_____
_____	_____

SENT	RECEIVED

SENT   **RECEIVED**

Date:_____   Date:_____
Tokens: _____   Tokens:_____
Notes: _____   Notes: _____
_____   _____
_____   _____

Date:_____   Date:_____
Tokens:_____   Tokens: _____
Notes: _____   Notes: _____
_____   _____
_____   _____

Date:_____   Date:_____
Tokens:_____   Tokens: _____
Notes: _____   Notes: _____
_____   _____
_____   _____

Date:_____   Date:_____
Tokens: _____   Tokens: _____
Notes: _____   Notes: _____
_____   _____
_____   _____

Date:_____   Date:_____
Tokens:_____   Tokens: _____
Notes: _____   Notes: _____
_____   _____
_____   _____

Date:_____   Date:_____
Tokens: _____   Tokens: _____
Notes: _____   Notes: _____
_____   _____
_____   _____

Name: _____ _____

Address: _____

_____

City: _____ State: _____ Zip: _____

Country: _____ @ _____

Birthday: _____ Interests/Hobbies

_____ _____
_____ _____
_____ _____

SENT

Date: _____
Tokens: _____
Notes: _____
_____
_____

Date: _____
Tokens: _____
Notes: _____
_____
_____

Date: _____
Tokens: _____
Notes: _____
_____
_____

RECEIVED

Date: _____
Tokens: _____
Notes: _____
_____
_____

Date: _____
Tokens: _____
Notes: _____
_____
_____

Date: _____
Tokens: _____
Notes: _____
_____
_____

SENT	**RECEIVED**

Date:_____

Tokens:_____

Notes: _____

_____

_____

Date:_____

Tokens:_____

Notes: _____

_____

_____

Date:_____

Tokens:_____

Notes: _____

_____

_____

Date:_____

Tokens:_____

Notes: _____

_____

_____

Date:_____

Tokens:_____

Notes: _____

_____

_____

Date:_____

Tokens:_____

Notes: _____

_____

_____

Name: _____ _____

Address: _____

_____

City: _____ State: _____ Zip: _____

Country: _____ @ _____

Birthday: _____ Interests/Hobbies

_____ _____

_____ _____

_____ _____

SENT   **RECEIVED**

Date: _____   Date: _____
Tokens: _____ Tokens: _____
Notes: _____   Notes: _____
_____   _____
_____   _____

Date: _____   Date: _____
Tokens: _____ Tokens: _____
Notes: _____   Notes: _____
_____   _____
_____   _____

Date: _____   Date: _____
Tokens: _____ Tokens: _____
Notes: _____   Notes: _____
_____   _____
_____   _____

SENT	RECEIVED
Date:_____	Date:_____
Tokens:_____	Tokens:_____
Notes: _____	Notes: _____
_____	_____
_____	_____
Date:_____	Date:_____
Tokens:_____	Tokens:_____
Notes: _____	Notes: _____
_____	_____
_____	_____
Date:_____	Date:_____
Tokens:_____	Tokens:_____
Notes: _____	Notes: _____
_____	_____
_____	_____
Date:_____	Date:_____
Tokens:_____	Tokens:_____
Notes: _____	Notes: _____
_____	_____
_____	_____
Date:_____	Date:_____
Tokens:_____	Tokens:_____
Notes: _____	Notes: _____
_____	_____
_____	_____
Date:_____	Date:_____
Tokens:_____	Tokens:_____
Notes: _____	Notes: _____
_____	_____
_____	_____

Name: _____ _____

Address: _____

_____

City: _____ State: _____ Zip: _____

Country: _____ @ _____

Birthday: _____ Interests/Hobbies

_____ _____

_____ _____

_____ _____

SENT

Date: _____
Tokens: _____
Notes: _____
_____
_____

Date: _____
Tokens: _____
Notes: _____
_____
_____

Date: _____
Tokens: _____
Notes: _____
_____
_____

RECEIVED

Date: _____
Tokens: _____
Notes: _____
_____
_____

Date: _____
Tokens: _____
Notes: _____
_____
_____

Date: _____
Tokens: _____
Notes: _____
_____
_____

SENT	RECEIVED

SENT   **RECEIVED**

Date:_____   Date:_____
Tokens: _____   Tokens: _____
Notes: _____   Notes: _____
_____   _____
_____   _____

Date:_____   Date:_____
Tokens: _____   Tokens: _____
Notes: _____   Notes: _____
_____   _____
_____   _____

Date:_____   Date:_____
Tokens: _____   Tokens: _____
Notes: _____   Notes: _____
_____   _____
_____   _____

Date:_____   Date:_____
Tokens: _____   Tokens: _____
Notes: _____   Notes: _____
_____   _____
_____   _____

Date:_____   Date:_____
Tokens: _____   Tokens: _____
Notes: _____   Notes: _____
_____   _____
_____   _____

Date:_____   Date:_____
Tokens: _____   Tokens: _____
Notes: _____   Notes: _____
_____   _____
_____   _____

Name: _____ _____

Address: _____

_____

City: _____ State: _____ Zip: _____

Country: _____ @ _____

Birthday: _____ Interests/Hobbies

_____ _____

_____ _____

_____ _____

SENT **RECEIVED**

Date: _____
Tokens: _____
Notes: _____
_____
_____

Date: _____
Tokens: _____
Notes: _____
_____
_____

Date: _____
Tokens: _____
Notes: _____
_____
_____

Date: _____
Tokens: _____
Notes: _____
_____
_____

Date: _____
Tokens: _____
Notes: _____
_____
_____

Date: _____
Tokens: _____
Notes: _____
_____
_____

SENT	**RECEIVED**
Date:_____	Date:_____
Tokens:_____	Tokens:_____
Notes: _____	Notes: _____
_____	_____
_____	_____
Date:_____	Date:_____
Tokens: _____	Tokens: _____
Notes: _____	Notes: _____
_____	_____
_____	_____
Date:_____	Date:_____
Tokens: _____	Tokens: _____
Notes: _____	Notes: _____
_____	_____
_____	_____
Date:_____	Date:_____
Tokens: _____	Tokens: _____
Notes: _____	Notes: _____
_____	_____
_____	_____
Date:_____	Date:_____
Tokens:_____	Tokens:_____
Notes: _____	Notes: _____
_____	_____
_____	_____
Date:_____	Date:_____
Tokens:_____	Tokens:_____
Notes: _____	Notes: _____
_____	_____
_____	_____

Name: _____ _____

Address: _____

_____

City: _____ State: _____ Zip: _____

Country: _____ @ _____

Birthday: _____ Interests/Hobbies

_____ _____

_____ _____

_____ _____

SENT   **RECEIVED**

Date:_____   Date:_____

Tokens: _____   Tokens: _____

Notes: _____   Notes: _____

_____   _____

_____   _____

Date:_____   Date:_____

Tokens: _____   Tokens: _____

Notes: _____   Notes: _____

_____   _____

_____   _____

Date:_____   Date:_____

Tokens: _____   Tokens: _____

Notes: _____   Notes: _____

_____   _____

_____   _____

SENT	**RECEIVED**

Date:_____
Tokens:_____
Notes: _____
_____
_____

Date:_____
Tokens: _____
Notes: _____
_____
_____

Date:_____
Tokens:_____
Notes: _____
_____
_____

Date:_____
Tokens: _____
Notes: _____
_____
_____

Date:_____
Tokens:_____
Notes: _____
_____
_____

Date:_____
Tokens: _____
Notes: _____
_____
_____

Date:_____
Tokens: _____
Notes: _____
_____
_____

Date:_____
Tokens: _____
Notes: _____
_____
_____

Date:_____
Tokens:_____
Notes: _____
_____
_____

Date:_____
Tokens: _____
Notes: _____
_____
_____

Date:_____
Tokens:_____
Notes: _____
_____
_____

Date:_____
Tokens: _____
Notes: _____
_____
_____

Name: _____ _____

Address: _____

_____

City: _____ State: _____ Zip: _____

Country: _____ @ _____

Birthday: _____ Interests/Hobbies

_____ _____

_____ _____

_____ _____

SENT   **RECEIVED**

Date: _____   Date: _____
Tokens: _____   Tokens: _____
Notes: _____   Notes: _____
_____ _____
_____ _____

Date: _____   Date: _____
Tokens: _____   Tokens: _____
Notes: _____   Notes: _____
_____ _____
_____ _____

Date: _____   Date: _____
Tokens: _____   Tokens: _____
Notes: _____   Notes: _____
_____ _____
_____ _____

SENT	**RECEIVED**
Date:_____	Date:_____
Tokens: _____	Tokens: _____
Notes: _____	Notes: _____
_____	_____
_____	_____

Date:_____	Date:_____
Tokens: _____	Tokens: _____
Notes: _____	Notes: _____
_____	_____
_____	_____

Date:_____	Date:_____
Tokens: _____	Tokens: _____
Notes: _____	Notes: _____
_____	_____
_____	_____

Date:_____	Date:_____
Tokens: _____	Tokens: _____
Notes: _____	Notes: _____
_____	_____
_____	_____

Date:_____	Date:_____
Tokens: _____	Tokens: _____
Notes: _____	Notes: _____
_____	_____
_____	_____

Date:_____	Date:_____
Tokens: _____	Tokens: _____
Notes: _____	Notes: _____
_____	_____
_____	_____

Name: _____ _____

Address: _____

_____

City: _____ State: _____ Zip: _____

Country: _____ @ _____

Birthday: _____ Interests/Hobbies

_____ _____

_____ _____

_____ _____

SENT   **RECEIVED**

Date: _____
Tokens: _____
Notes: _____
_____
_____

Date: _____
Tokens: _____
Notes: _____
_____
_____

Date: _____
Tokens: _____
Notes: _____
_____
_____

Date: _____
Tokens: _____
Notes: _____
_____
_____

Date: _____
Tokens: _____
Notes: _____
_____
_____

Date: _____
Tokens: _____
Notes: _____
_____
_____

SENT	**RECEIVED**
Date:_____	Date:_____
Tokens:_____	Tokens:_____
Notes: _____	Notes: _____
_____	_____
_____	_____
Date:_____	Date:_____
Tokens:_____	Tokens:_____
Notes: _____	Notes: _____
_____	_____
_____	_____
Date:_____	Date:_____
Tokens:_____	Tokens:_____
Notes: _____	Notes: _____
_____	_____
_____	_____
Date:_____	Date:_____
Tokens:_____	Tokens:_____
Notes: _____	Notes: _____
_____	_____
_____	_____
Date:_____	Date:_____
Tokens:_____	Tokens:_____
Notes: _____	Notes: _____
_____	_____
_____	_____
Date:_____	Date:_____
Tokens:_____	Tokens:_____
Notes: _____	Notes: _____
_____	_____
_____	_____

Name: _____ _____

Address: _____

_____

City: _____ State: _____ Zip: _____

Country: _____ @ _____

Birthday: _____ Interests/Hobbies

_____ _____

_____ _____

_____ _____

SENT   **RECEIVED**

Date: _____   Date: _____

Tokens: _____   Tokens: _____

Notes: _____   Notes: _____

_____   _____

_____   _____

Date: _____   Date: _____

Tokens: _____   Tokens: _____

Notes: _____   Notes: _____

_____   _____

_____   _____

Date: _____   Date: _____

Tokens: _____   Tokens: _____

Notes: _____   Notes: _____

_____   _____

_____   _____

SENT	**RECEIVED**

Date:_____
Tokens:_____
Notes:_____
_____
_____

Date:_____
Tokens:_____
Notes:_____
_____
_____

Date:_____
Tokens:_____
Notes:_____
_____
_____

Date:_____
Tokens:_____
Notes:_____
_____
_____

Date:_____
Tokens:_____
Notes:_____
_____
_____

Date:_____
Tokens:_____
Notes:_____
_____
_____

Date:_____
Tokens:_____
Notes:_____
_____
_____

Date:_____
Tokens:_____
Notes:_____
_____
_____

Date:_____
Tokens:_____
Notes:_____
_____
_____

Date:_____
Tokens:_____
Notes:_____
_____
_____

Date:_____
Tokens:_____
Notes:_____
_____
_____

Date:_____
Tokens:_____
Notes:_____
_____
_____

Name: _____ _____

Address: _____

_____

City: _____ State: _____ Zip: _____

Country: _____ @ _____

Birthday: _____   Interests/Hobbies

_____ _____

_____ _____

_____

SENT   **RECEIVED**

Date: _____   Date: _____
Tokens: _____   Tokens: _____
Notes: _____   Notes: _____
_____   _____
_____   _____

Date: _____   Date: _____
Tokens: _____   Tokens: _____
Notes: _____   Notes: _____
_____   _____
_____   _____

Date: _____   Date: _____
Tokens: _____   Tokens: _____
Notes: _____   Notes: _____
_____   _____
_____   _____

SENT   RECEIVED

SENT	RECEIVED
Date:_____	Date:_____
Tokens: _____	Tokens: _____
Notes: _____	Notes: _____
_____	_____
_____	_____
Date:_____	Date:_____
Tokens: _____	Tokens: _____
Notes: _____	Notes: _____
_____	_____
_____	_____
Date:_____	Date:_____
Tokens: _____	Tokens: _____
Notes: _____	Notes: _____
_____	_____
_____	_____
Date:_____	Date:_____
Tokens: _____	Tokens: _____
Notes: _____	Notes: _____
_____	_____
_____	_____
Date:_____	Date:_____
Tokens: _____	Tokens: _____
Notes: _____	Notes: _____
_____	_____
_____	_____
Date:_____	Date:_____
Tokens: _____	Tokens: _____
Notes: _____	Notes: _____
_____	_____
_____	_____

Name: _____ _____

Address: _____

_____

City: _____ State: _____ Zip: _____

Country: _____ @ _____

Birthday: _____ Interests/Hobbies

_____ _____

_____ _____

_____ _____

SENT   **RECEIVED**

Date: _____   Date: _____
Tokens: _____   Tokens: _____
Notes: _____   Notes: _____
_____   _____
_____   _____

Date: _____   Date: _____
Tokens: _____   Tokens: _____
Notes: _____   Notes: _____
_____   _____
_____   _____

Date: _____   Date: _____
Tokens: _____   Tokens: _____
Notes: _____   Notes: _____
_____   _____
_____   _____

SENT	**RECEIVED**
Date:_____	Date:_____
Tokens:_____	Tokens:_____
Notes:_____	Notes:_____
_____	_____
_____	_____
Date:_____	Date:_____
Tokens:_____	Tokens:_____
Notes:_____	Notes:_____
_____	_____
_____	_____
Date:_____	Date:_____
Tokens:_____	Tokens:_____
Notes:_____	Notes:_____
_____	_____
_____	_____
Date:_____	Date:_____
Tokens:_____	Tokens:_____
Notes:_____	Notes:_____
_____	_____
_____	_____
Date:_____	Date:_____
Tokens:_____	Tokens:_____
Notes:_____	Notes:_____
_____	_____
_____	_____
Date:_____	Date:_____
Tokens:_____	Tokens:_____
Notes:_____	Notes:_____
_____	_____
_____	_____

Name: _____ _____

Address: _____

_____

City: _____ State: _____ Zip: _____

Country: _____ @ _____

Birthday: _____ Interests/Hobbies

_____ _____

_____ _____

_____ _____

SENT

Date: _____

Tokens: _____

Notes: _____

_____

_____

Date: _____

Tokens: _____

Notes: _____

_____

_____

Date: _____

Tokens: _____

Notes: _____

_____

_____

RECEIVED

Date: _____

Tokens: _____

Notes: _____

_____

_____

Date: _____

Tokens: _____

Notes: _____

_____

_____

Date: _____

Tokens: _____

Notes: _____

_____

_____

SENT	**RECEIVED**
Date:_____	Date:_____
Tokens:_____	Tokens:_____
Notes: _____	Notes: _____
_____	_____
_____	_____
Date:_____	Date:_____
Tokens:_____	Tokens:_____
Notes: _____	Notes: _____
_____	_____
_____	_____
Date:_____	Date:_____
Tokens:_____	Tokens:_____
Notes: _____	Notes: _____
_____	_____
_____	_____
Date:_____	Date:_____
Tokens:_____	Tokens:_____
Notes: _____	Notes: _____
_____	_____
_____	_____
Date:_____	Date:_____
Tokens:_____	Tokens:_____
Notes: _____	Notes: _____
_____	_____
_____	_____
Date:_____	Date:_____
Tokens:_____	Tokens:_____
Notes: _____	Notes: _____
_____	_____
_____	_____

Name: _____ _____

Address: _____

_____

City: _____ State: _____ Zip: _____

Country: _____ @ _____

Birthday: _____ Interests/Hobbies

_____ _____

_____ _____

_____ _____

SENT **RECEIVED**

Date: _____

Tokens: _____

Notes: _____

_____

_____

Date: _____

Tokens: _____

Notes: _____

_____

_____

Date: _____

Tokens: _____

Notes: _____

_____

_____

Date: _____

Tokens: _____

Notes: _____

_____

_____

Date: _____

Tokens: _____

Notes: _____

_____

_____

Date: _____

Tokens: _____

Notes: _____

_____

_____

SENT	**RECEIVED**
Date:_____	Date:_____
Tokens: _____	Tokens: _____
Notes: _____	Notes: _____

Date:_____   Tokens:_____   Notes:_____

SENT

Date:_____
Tokens:_____
Notes:_____
_____
_____

Date:_____
Tokens:_____
Notes:_____
_____
_____

Date:_____
Tokens:_____
Notes:_____
_____
_____

Date:_____
Tokens:_____
Notes:_____
_____
_____

Date:_____
Tokens:_____
Notes:_____
_____
_____

Date:_____
Tokens:_____
Notes:_____
_____
_____

RECEIVED

Date:_____
Tokens:_____
Notes:_____
_____
_____

Date:_____
Tokens:_____
Notes:_____
_____
_____

Date:_____
Tokens:_____
Notes:_____
_____
_____

Date:_____
Tokens:_____
Notes:_____
_____
_____

Date:_____
Tokens:_____
Notes:_____
_____
_____

Date:_____
Tokens:_____
Notes:_____
_____
_____

Name: _____ _____

Address: _____

_____

City: _____ State: _____ Zip: _____

Country: _____ @ _____

Birthday: _____ Interests/Hobbies

_____ _____

_____ _____

_____ _____

SENT   **RECEIVED**

Date: _____   Date: _____
Tokens: _____ Tokens: _____
Notes: _____   Notes: _____
_____   _____
_____   _____

Date: _____   Date: _____
Tokens: _____ Tokens: _____
Notes: _____   Notes: _____
_____   _____
_____   _____

Date: _____   Date: _____
Tokens: _____ Tokens: _____
Notes: _____   Notes: _____
_____   _____
_____   _____

SENT	RECEIVED

Date:_____

Tokens: _____

Notes: _____

_____

_____

Date:_____

Tokens: _____

Notes: _____

_____

_____

Date:_____

Tokens: _____

Notes: _____

_____

_____

Date:_____

Tokens: _____

Notes: _____

_____

_____

Date:_____

Tokens: _____

Notes: _____

_____

_____

Date:_____

Tokens: _____

Notes: _____

_____

_____

Name: _____ _____

Address: _____

_____

City: _____ State: _____ Zip: _____

Country: _____ @ _____

Birthday: _____ Interests/Hobbies

_____ _____
_____ _____
_____ _____

SENT

Date: _____
Tokens: _____
Notes: _____
_____
_____

Date: _____
Tokens: _____
Notes: _____
_____
_____

Date: _____
Tokens: _____
Notes: _____
_____
_____

RECEIVED

Date: _____
Tokens: _____
Notes: _____
_____
_____

Date: _____
Tokens: _____
Notes: _____
_____
_____

Date: _____
Tokens: _____
Notes: _____
_____
_____

SENT	**RECEIVED**
Date:_____	Date:_____
Tokens:_____	Tokens:_____
Notes: _____	Notes: _____
_____	_____
_____	_____
Date:_____	Date:_____
Tokens:_____	Tokens:_____
Notes: _____	Notes: _____
_____	_____
_____	_____
Date:_____	Date:_____
Tokens:_____	Tokens:_____
Notes: _____	Notes: _____
_____	_____
_____	_____
Date:_____	Date:_____
Tokens:_____	Tokens:_____
Notes: _____	Notes: _____
_____	_____
_____	_____
Date:_____	Date:_____
Tokens:_____	Tokens:_____
Notes: _____	Notes: _____
_____	_____
_____	_____
Date:_____	Date:_____
Tokens:_____	Tokens:_____
Notes: _____	Notes: _____
_____	_____
_____	_____

Name: _____ _____

Address: _____

_____

City: _____ State: _____ Zip: _____

Country: _____ @ _____

Birthday: _____ Interests/Hobbies

_____ _____

_____ _____

_____ _____

SENT   **RECEIVED**

Date:_____

Tokens:_____

Notes:_____

_____

_____

Date:_____

Tokens:_____

Notes:_____

_____

_____

Date:_____

Tokens:_____

Notes:_____

_____

_____

Date:_____

Tokens:_____

Notes:_____

_____

_____

Date:_____

Tokens:_____

Notes:_____

_____

_____

Date:_____

Tokens:_____

Notes:_____

_____

_____

SENT	**RECEIVED**

Date:_____
Tokens: _____
Notes: _____
_____
_____

Date:_____
Tokens: _____
Notes: _____
_____
_____

Date:_____
Tokens: _____
Notes: _____
_____
_____

Date:_____
Tokens: _____
Notes: _____
_____
_____

Date:_____
Tokens: _____
Notes: _____
_____
_____

Date:_____
Tokens: _____
Notes: _____
_____
_____

Date:_____
Tokens: _____
Notes: _____
_____
_____

Date:_____
Tokens: _____
Notes: _____
_____
_____

Date:_____
Tokens: _____
Notes: _____
_____
_____

Date:_____
Tokens: _____
Notes: _____
_____
_____

Date:_____
Tokens: _____
Notes: _____
_____
_____

Date:_____
Tokens: _____
Notes: _____
_____
_____

Name: _____ _____

Address: _____

_____

City: _____ State: _____ Zip: _____

Country: _____ @ _____

Birthday: _____ Interests/Hobbies

_____ _____

_____ _____

_____ _____

SENT

Date: _____

Tokens: _____

Notes: _____

_____

_____

Date: _____

Tokens: _____

Notes: _____

_____

_____

Date: _____

Tokens: _____

Notes: _____

_____

_____

RECEIVED

Date: _____

Tokens: _____

Notes: _____

_____

_____

Date: _____

Tokens: _____

Notes: _____

_____

_____

Date: _____

Tokens: _____

Notes: _____

_____

_____

SENT	RECEIVED
Date:_____	Date:_____
Tokens:_____	Tokens:_____
Notes:_____	Notes:_____
_____	_____
_____	_____
Date:_____	Date:_____
Tokens:_____	Tokens:_____
Notes:_____	Notes:_____
_____	_____
_____	_____
Date:_____	Date:_____
Tokens:_____	Tokens:_____
Notes:_____	Notes:_____
_____	_____
_____	_____
Date:_____	Date:_____
Tokens:_____	Tokens:_____
Notes:_____	Notes:_____
_____	_____
_____	_____
Date:_____	Date:_____
Tokens:_____	Tokens:_____
Notes:_____	Notes:_____
_____	_____
_____	_____
Date:_____	Date:_____
Tokens:_____	Tokens:_____
Notes:_____	Notes:_____
_____	_____
_____	_____

Name: _____ _____

Address: _____

_____

City: _____ State: _____ Zip: _____

Country: _____ @ _____

Birthday: _____ Interests/Hobbies

_____ _____

_____ _____

_____ _____

SENT   **RECEIVED**

Date: _____   Date: _____
Tokens: _____   Tokens: _____
Notes: _____   Notes: _____
_____   _____
_____   _____

Date: _____   Date: _____
Tokens: _____   Tokens: _____
Notes: _____   Notes: _____
_____   _____
_____   _____

Date: _____   Date: _____
Tokens: _____   Tokens: _____
Notes: _____   Notes: _____
_____   _____
_____   _____

SENT	**RECEIVED**
Date:_____	Date:_____
Tokens:_____	Tokens:_____
Notes: _____	Notes: _____
_____	_____
_____	_____
Date:_____	Date:_____
Tokens:_____	Tokens:_____
Notes: _____	Notes: _____
_____	_____
_____	_____
Date:_____	Date:_____
Tokens:_____	Tokens:_____
Notes: _____	Notes: _____
_____	_____
_____	_____
Date:_____	Date:_____
Tokens:_____	Tokens:_____
Notes: _____	Notes: _____
_____	_____
_____	_____
Date:_____	Date:_____
Tokens:_____	Tokens:_____
Notes: _____	Notes: _____
_____	_____
_____	_____
Date:_____	Date:_____
Tokens:_____	Tokens:_____
Notes: _____	Notes: _____
_____	_____
_____	_____

Name: _____ _____

Address: _____

_____

City: _____ State: _____ Zip: _____

Country: _____ @ _____

Birthday: _____   Interests/Hobbies

_____ _____

_____ _____

_____ _____

SENT   **RECEIVED**

Date: _____   Date: _____
Tokens: _____   Tokens: _____
Notes: _____   Notes: _____
_____   _____
_____   _____

Date: _____   Date: _____
Tokens: _____   Tokens: _____
Notes: _____   Notes: _____
_____   _____
_____   _____

Date: _____   Date: _____
Tokens: _____   Tokens: _____
Notes: _____   Notes: _____
_____   _____
_____   _____

SENT	**RECEIVED**
Date:_____	Date:_____
Tokens: _____	Tokens: _____
Notes: _____	Notes: _____
_____	_____
_____	_____
Date:_____	Date:_____
Tokens: _____	Tokens: _____
Notes: _____	Notes: _____
_____	_____
_____	_____
Date:_____	Date:_____
Tokens: _____	Tokens: _____
Notes: _____	Notes: _____
_____	_____
_____	_____
Date:_____	Date:_____
Tokens: _____	Tokens: _____
Notes: _____	Notes: _____
_____	_____
_____	_____
Date:_____	Date:_____
Tokens: _____	Tokens: _____
Notes: _____	Notes: _____
_____	_____
_____	_____
Date:_____	Date:_____
Tokens: _____	Tokens: _____
Notes: _____	Notes: _____
_____	_____
_____	_____

Name: _____ _____

Address: _____

_____

City: _____ State: _____ Zip: _____

Country: _____ @ _____

Birthday: _____ Interests/Hobbies

_____ _____

_____ _____

_____ _____

SENT   **RECEIVED**

Date: _____   Date: _____
Tokens: _____   Tokens: _____
Notes: _____   Notes: _____
_____   _____
_____   _____

Date: _____   Date: _____
Tokens: _____   Tokens: _____
Notes: _____   Notes: _____
_____   _____
_____   _____

Date: _____   Date: _____
Tokens: _____   Tokens: _____
Notes: _____   Notes: _____
_____   _____
_____   _____

SENT	**RECEIVED**
Date:_____	Date:_____
Tokens:_____	Tokens:_____
Notes:_____	Notes:_____
_____	_____
_____	_____
Date:_____	Date:_____
Tokens:_____	Tokens:_____
Notes:_____	Notes:_____
_____	_____
_____	_____
Date:_____	Date:_____
Tokens:_____	Tokens:_____
Notes:_____	Notes:_____
_____	_____
_____	_____
Date:_____	Date:_____
Tokens:_____	Tokens:_____
Notes:_____	Notes:_____
_____	_____
_____	_____
Date:_____	Date:_____
Tokens:_____	Tokens:_____
Notes:_____	Notes:_____
_____	_____
_____	_____
Date:_____	Date:_____
Tokens:_____	Tokens:_____
Notes:_____	Notes:_____
_____	_____
_____	_____

Name: _____ _____

Address: _____

_____

City: _____ State: _____ Zip: _____

Country: _____ @ _____

Birthday: _____ Interests/Hobbies

_____ _____

_____ _____

_____ _____

SENT   **RECEIVED**

Date: _____
Tokens: _____
Notes: _____
_____
_____

Date: _____
Tokens: _____
Notes: _____
_____
_____

Date: _____
Tokens: _____
Notes: _____
_____
_____

Date: _____
Tokens: _____
Notes: _____
_____
_____

Date: _____
Tokens: _____
Notes: _____
_____
_____

Date: _____
Tokens: _____
Notes: _____
_____
_____

SENT	**RECEIVED**

Date:_____	Date:_____
Tokens: _____	Tokens: _____
Notes: _____	Notes: _____
_____	_____
_____	_____

Date:_____	Date:_____
Tokens: _____	Tokens: _____
Notes: _____	Notes: _____
_____	_____
_____	_____

Date:_____	Date:_____
Tokens: _____	Tokens: _____
Notes: _____	Notes: _____
_____	_____
_____	_____

Date:_____	Date:_____
Tokens: _____	Tokens: _____
Notes: _____	Notes: _____
_____	_____
_____	_____

Date:_____	Date:_____
Tokens: _____	Tokens: _____
Notes: _____	Notes: _____
_____	_____
_____	_____

Date:_____	Date:_____
Tokens: _____	Tokens: _____
Notes: _____	Notes: _____
_____	_____
_____	_____

Name: _____ _____

Address: _____

_____

City: _____ State: _____ Zip: _____

Country: _____ @ _____

Birthday: _____ Interests/Hobbies

_____ _____

_____ _____

_____ _____

SENT	RECEIVED

Date: _____

Tokens: _____

Notes: _____

_____

_____

Date: _____

Tokens: _____

Notes: _____

_____

_____

Date: _____

Tokens: _____

Notes: _____

_____

_____

Date: _____

Tokens: _____

Notes: _____

_____

_____

Date: _____

Tokens: _____

Notes: _____

_____

_____

Date: _____

Tokens: _____

Notes: _____

_____

_____

SENT	RECEIVED
Date:_____	Date:_____
Tokens:_____	Tokens:_____
Notes: _____	Notes: _____
_____	_____
_____	_____
Date:_____	Date:_____
Tokens:_____	Tokens:_____
Notes: _____	Notes: _____
_____	_____
_____	_____
Date:_____	Date:_____
Tokens:_____	Tokens:_____
Notes: _____	Notes: _____
_____	_____
_____	_____
Date:_____	Date:_____
Tokens:_____	Tokens:_____
Notes: _____	Notes: _____
_____	_____
_____	_____
Date:_____	Date:_____
Tokens:_____	Tokens:_____
Notes: _____	Notes: _____
_____	_____
_____	_____
Date:_____	Date:_____
Tokens:_____	Tokens:_____
Notes: _____	Notes: _____
_____	_____
_____	_____

Name: _____ _____

Address: _____

_____

City: _____ State: _____ Zip: _____

Country: _____ @ _____

Birthday: _____ Interests/Hobbies

_____ _____

_____ _____

_____ _____

SENT **RECEIVED**

Date: _____ Date: _____

Tokens: _____ Tokens: _____

Notes: _____ Notes: _____

_____ _____

_____ _____

Date: _____ Date: _____

Tokens: _____ Tokens: _____

Notes: _____ Notes: _____

_____ _____

_____ _____

Date: _____ Date: _____

Tokens: _____ Tokens: _____

Notes: _____ Notes: _____

_____ _____

_____ _____

SENT	**RECEIVED**
Date:_____	Date:_____
Tokens:_____	Tokens:_____
Notes: _____	Notes: _____
_____	_____
_____	_____
Date:_____	Date:_____
Tokens:_____	Tokens:_____
Notes: _____	Notes: _____
_____	_____
_____	_____
Date:_____	Date:_____
Tokens:_____	Tokens:_____
Notes: _____	Notes: _____
_____	_____
_____	_____
Date:_____	Date:_____
Tokens:_____	Tokens:_____
Notes: _____	Notes: _____
_____	_____
_____	_____
Date:_____	Date:_____
Tokens:_____	Tokens:_____
Notes: _____	Notes: _____
_____	_____
_____	_____
Date:_____	Date:_____
Tokens:_____	Tokens:_____
Notes: _____	Notes: _____
_____	_____
_____	_____

Name: _____ _____

Address: _____

_____

City: _____ State: _____ Zip: _____

Country: _____ @ _____

Birthday: _____ Interests/Hobbies

_____ _____

_____ _____

_____ _____

SENT

Date:_____

Tokens: _____

Notes: _____

_____

_____

Date:_____

Tokens: _____

Notes: _____

_____

_____

Date:_____

Tokens: _____

Notes: _____

_____

_____

RECEIVED

Date:_____

Tokens: _____

Notes: _____

_____

_____

Date:_____

Tokens: _____

Notes: _____

_____

_____

Date:_____

Tokens: _____

Notes: _____

_____

_____

SENT	RECEIVED

SENT

Date:_____
Tokens:_____
Notes: _____
_____
_____

Date:_____
Tokens:_____
Notes: _____
_____
_____

Date:_____
Tokens:_____
Notes: _____
_____
_____

Date:_____
Tokens:_____
Notes: _____
_____
_____

Date:_____
Tokens:_____
Notes: _____
_____
_____

Date:_____
Tokens:_____
Notes: _____
_____
_____

RECEIVED

Date:_____
Tokens:_____
Notes: _____
_____
_____

Date:_____
Tokens:_____
Notes: _____
_____
_____

Date:_____
Tokens:_____
Notes: _____
_____
_____

Date:_____
Tokens:_____
Notes: _____
_____
_____

Date:_____
Tokens:_____
Notes: _____
_____
_____

Date:_____
Tokens:_____
Notes: _____
_____
_____

Name: _____ _____

Address: _____

_____

City: _____ State: _____ Zip: _____

Country: _____ @ _____

Birthday: _____ Interests/Hobbies

_____ _____

_____ _____

_____ _____

SENT

Date: _____

Tokens: _____

Notes: _____

_____

_____

Date: _____

Tokens: _____

Notes: _____

_____

_____

Date: _____

Tokens: _____

Notes: _____

_____

_____

RECEIVED

Date: _____

Tokens: _____

Notes: _____

_____

_____

Date: _____

Tokens: _____

Notes: _____

_____

_____

Date: _____

Tokens: _____

Notes: _____

_____

_____

SENT   **RECEIVED**

Date:_____   Date:_____
Tokens: _____   Tokens: _____
Notes: _____   Notes: _____
_____   _____
_____   _____

Date:_____   Date:_____
Tokens: _____   Tokens: _____
Notes: _____   Notes: _____
_____   _____
_____   _____

Date:_____   Date:_____
Tokens: _____   Tokens: _____
Notes: _____   Notes: _____
_____   _____
_____   _____

Date:_____   Date:_____
Tokens: _____   Tokens: _____
Notes: _____   Notes: _____
_____   _____
_____   _____

Date:_____   Date:_____
Tokens: _____   Tokens: _____
Notes: _____   Notes: _____
_____   _____
_____   _____

Date:_____   Date:_____
Tokens: _____   Tokens: _____
Notes: _____   Notes: _____
_____   _____
_____   _____

Name: _____ _____

Address: _____

_____

City: _____ State: _____ Zip: _____

Country: _____ @ _____

Birthday: _____ Interests/Hobbies

_____ _____

_____ _____

_____ _____

SENT   **RECEIVED**

Date:_____   Date:_____
Tokens: _____   Tokens: _____
Notes: _____   Notes: _____
_____   _____
_____   _____

Date:_____   Date:_____
Tokens: _____   Tokens: _____
Notes: _____   Notes: _____
_____   _____
_____   _____

Date:_____   Date:_____
Tokens: _____   Tokens: _____
Notes: _____   Notes: _____
_____   _____
_____   _____

SENT	**RECEIVED**
Date:_____	Date:_____
Tokens:_____	Tokens:_____
Notes:_____	Notes:_____
_____	_____
_____	_____
Date:_____	Date:_____
Tokens:_____	Tokens:_____
Notes:_____	Notes:_____
_____	_____
_____	_____
Date:_____	Date:_____
Tokens:_____	Tokens:_____
Notes:_____	Notes:_____
_____	_____
_____	_____
Date:_____	Date:_____
Tokens:_____	Tokens:_____
Notes:_____	Notes:_____
_____	_____
_____	_____
Date:_____	Date:_____
Tokens:_____	Tokens:_____
Notes:_____	Notes:_____
_____	_____
_____	_____
Date:_____	Date:_____
Tokens:_____	Tokens:_____
Notes:_____	Notes:_____
_____	_____
_____	_____

Name: _____ _____

Address: _____

_____

City: _____ State: _____ Zip: _____

Country: _____ @ _____

Birthday: _____ Interests/Hobbies

_____ _____

_____ _____

_____ _____

SENT   **RECEIVED**

Date: _____

Tokens: _____

Notes: _____

_____

_____

Date: _____

Tokens: _____

Notes: _____

_____

_____

Date: _____

Tokens: _____

Notes: _____

_____

_____

Date: _____

Tokens: _____

Notes: _____

_____

_____

Date: _____

Tokens: _____

Notes: _____

_____

_____

Date: _____

Tokens: _____

Notes: _____

_____

_____

SENT	RECEIVED
Date:_____	Date:_____
Tokens:_____	Tokens:_____
Notes: _____	Notes: _____
_____	_____
_____	_____
Date:_____	Date:_____
Tokens:_____	Tokens:_____
Notes: _____	Notes: _____
_____	_____
_____	_____
Date:_____	Date:_____
Tokens:_____	Tokens:_____
Notes: _____	Notes: _____
_____	_____
_____	_____
Date:_____	Date:_____
Tokens:_____	Tokens:_____
Notes: _____	Notes: _____
_____	_____
_____	_____
Date:_____	Date:_____
Tokens:_____	Tokens:_____
Notes: _____	Notes: _____
_____	_____
_____	_____
Date:_____	Date:_____
Tokens:_____	Tokens:_____
Notes: _____	Notes: _____
_____	_____
_____	_____

Name: _____ _____

Address: _____

_____

City: _____ State: _____ Zip: _____

Country: _____ @ _____

Birthday: _____   Interests/Hobbies

_____ _____

_____ _____

_____ _____

SENT

Date: _____

Tokens: _____

Notes: _____

_____

_____

Date: _____

Tokens: _____

Notes: _____

_____

_____

Date: _____

Tokens: _____

Notes: _____

_____

_____

RECEIVED

Date: _____

Tokens: _____

Notes: _____

_____

_____

Date: _____

Tokens: _____

Notes: _____

_____

_____

Date: _____

Tokens: _____

Notes: _____

_____

_____

SENT	**RECEIVED**
Date:_____	Date:_____
Tokens: _____	Tokens: _____
Notes: _____	Notes: _____
_____	_____
_____	_____
Date:_____	Date:_____
Tokens: _____	Tokens: _____
Notes: _____	Notes: _____
_____	_____
_____	_____
Date:_____	Date:_____
Tokens: _____	Tokens: _____
Notes: _____	Notes: _____
_____	_____
_____	_____
Date:_____	Date:_____
Tokens: _____	Tokens: _____
Notes: _____	Notes: _____
_____	_____
_____	_____
Date:_____	Date:_____
Tokens: _____	Tokens: _____
Notes: _____	Notes: _____
_____	_____
_____	_____
Date:_____	Date:_____
Tokens: _____	Tokens: _____
Notes: _____	Notes: _____
_____	_____
_____	_____

Name: _____ _____

Address: _____

_____

City: _____ State: _____ Zip: _____

Country: _____ @ _____

Birthday: _____ Interests/Hobbies

_____ _____
_____ _____
_____ _____

SENT   **RECEIVED**

Date:_____   Date:_____
Tokens: _____   Tokens: _____
Notes: _____   Notes: _____
_____   _____
_____   _____

Date:_____   Date:_____
Tokens: _____   Tokens: _____
Notes: _____   Notes: _____
_____   _____
_____   _____

Date:_____   Date:_____
Tokens: _____   Tokens: _____
Notes: _____   Notes: _____
_____   _____
_____   _____

SENT	**RECEIVED**
Date:_____	Date:_____
Tokens:_____	Tokens:_____
Notes: _____	Notes: _____
_____	_____
_____	_____
Date:_____	Date:_____
Tokens: _____	Tokens:_____
Notes: _____	Notes: _____
_____	_____
_____	_____
Date:_____	Date:_____
Tokens: _____	Tokens:_____
Notes: _____	Notes: _____
_____	_____
_____	_____
Date:_____	Date:_____
Tokens:_____	Tokens:_____
Notes: _____	Notes: _____
_____	_____
_____	_____
Date:_____	Date:_____
Tokens:_____	Tokens:_____
Notes: _____	Notes: _____
_____	_____
_____	_____
Date:_____	Date:_____
Tokens:_____	Tokens:_____
Notes: _____	Notes: _____
_____	_____
_____	_____

Name: _____ _____

Address: _____

_____

City: _____ State: _____ Zip: _____

Country: _____ @ _____

Birthday: _____ Interests/Hobbies

_____ _____

_____ _____

_____ _____

SENT   **RECEIVED**

Date: _____   Date: _____

Tokens: _____   Tokens: _____

Notes: _____   Notes: _____

_____   _____

_____   _____

Date: _____   Date: _____

Tokens: _____   Tokens: _____

Notes: _____   Notes: _____

_____   _____

_____   _____

Date: _____   Date: _____

Tokens: _____   Tokens: _____

Notes: _____   Notes: _____

_____   _____

_____   _____

SENT	RECEIVED
Date:_____	Date:_____
Tokens:_____	Tokens:_____
Notes: _____	Notes: _____
_____	_____
_____	_____

Date:_____	Date:_____
Tokens: _____	Tokens: _____
Notes: _____	Notes: _____
_____	_____
_____	_____

Date:_____	Date:_____
Tokens:_____	Tokens: _____
Notes: _____	Notes: _____
_____	_____
_____	_____

Date:_____	Date:_____
Tokens:_____	Tokens: _____
Notes: _____	Notes: _____
_____	_____
_____	_____

Date:_____	Date:_____
Tokens:_____	Tokens: _____
Notes: _____	Notes: _____
_____	_____
_____	_____

Date:_____	Date:_____
Tokens:_____	Tokens: _____
Notes: _____	Notes: _____
_____	_____
_____	_____

Name: _____ _____

Address: _____

_____

City: _____ State: _____ Zip: _____

Country: _____ @ _____

Birthday: _____ Interests/Hobbies

_____ _____

_____ _____

_____ _____

SENT   **RECEIVED**

Date: _____   Date: _____
Tokens: _____   Tokens: _____
Notes: _____   Notes: _____
_____   _____
_____   _____

Date: _____   Date: _____
Tokens: _____   Tokens: _____
Notes: _____   Notes: _____
_____   _____
_____   _____

Date: _____   Date: _____
Tokens: _____   Tokens: _____
Notes: _____   Notes: _____
_____   _____
_____   _____

SENT	RECEIVED
Date:_____	Date:_____
Tokens: _____	Tokens:_____
Notes: _____	Notes: _____
_____	_____
_____	_____
Date:_____	Date:_____
Tokens: _____	Tokens: _____
Notes: _____	Notes: _____
_____	_____
_____	_____
Date:_____	Date:_____
Tokens: _____	Tokens: _____
Notes: _____	Notes: _____
_____	_____
_____	_____
Date:_____	Date:_____
Tokens: _____	Tokens: _____
Notes: _____	Notes: _____
_____	_____
_____	_____
Date:_____	Date:_____
Tokens:_____	Tokens: _____
Notes: _____	Notes: _____
_____	_____
_____	_____
Date:_____	Date:_____
Tokens:_____	Tokens: _____
Notes: _____	Notes: _____
_____	_____
_____	_____

Name: _____ _____

Address: _____

_____

City: _____ State: _____ Zip: _____

Country: _____ @ _____

Birthday: _____ Interests/Hobbies

_____ _____

_____ _____

_____ _____

SENT   **RECEIVED**

Date:_____

Tokens: _____

Notes: _____

_____

_____

Date:_____

Tokens: _____

Notes: _____

_____

_____

Date:_____

Tokens: _____

Notes: _____

_____

_____

Date:_____

Tokens: _____

Notes: _____

_____

_____

Date:_____

Tokens: _____

Notes: _____

_____

_____

Date:_____

Tokens: _____

Notes: _____

_____

_____

SENT	**RECEIVED**
Date:_____	Date:_____
Tokens:_____	Tokens:_____
Notes: _____	Notes: _____
_____	_____
_____	_____
Date:_____	Date:_____
Tokens:_____	Tokens:_____
Notes: _____	Notes: _____
_____	_____
_____	_____
Date:_____	Date:_____
Tokens:_____	Tokens:_____
Notes: _____	Notes: _____
_____	_____
_____	_____
Date:_____	Date:_____
Tokens:_____	Tokens:_____
Notes: _____	Notes: _____
_____	_____
_____	_____
Date:_____	Date:_____
Tokens:_____	Tokens:_____
Notes: _____	Notes: _____
_____	_____
_____	_____
Date:_____	Date:_____
Tokens:_____	Tokens:_____
Notes: _____	Notes: _____
_____	_____
_____	_____

Name: _____ _____

Address: _____

_____

City: _____ State: _____ Zip: _____

Country: _____ @ _____

Birthday: _____ Interests/Hobbies

_____ _____

_____ _____

_____ _____

SENT   **RECEIVED**

Date: _____   Date: _____

Tokens: _____   Tokens: _____

Notes: _____   Notes: _____

_____   _____

_____   _____

Date: _____   Date: _____

Tokens: _____   Tokens: _____

Notes: _____   Notes: _____

_____   _____

_____   _____

Date: _____   Date: _____

Tokens: _____   Tokens: _____

Notes: _____   Notes: _____

_____   _____

_____   _____

SENT	RECEIVED
Date:_____ Tokens:_____ Notes:_____ _____ _____	Date:_____ Tokens:_____ Notes:_____ _____ _____
Date:_____ Tokens:_____ Notes:_____ _____ _____	Date:_____ Tokens:_____ Notes:_____ _____ _____
Date:_____ Tokens:_____ Notes:_____ _____ _____	Date:_____ Tokens:_____ Notes:_____ _____ _____
Date:_____ Tokens:_____ Notes:_____ _____ _____	Date:_____ Tokens:_____ Notes:_____ _____ _____
Date:_____ Tokens:_____ Notes:_____ _____ _____	Date:_____ Tokens:_____ Notes:_____ _____ _____
Date:_____ Tokens:_____ Notes:_____ _____ _____	Date:_____ Tokens:_____ Notes:_____ _____ _____

Name: _____ _____

Address: _____

_____

City: _____ State: _____ Zip: _____

Country: _____ @ _____

Birthday: _____ Interests/Hobbies

_____ _____

_____ _____

_____

SENT   **RECEIVED**

Date: _____

Tokens: _____

Notes: _____

_____

_____

Date: _____

Tokens: _____

Notes: _____

_____

_____

Date: _____

Tokens: _____

Notes: _____

_____

_____

Date: _____

Tokens: _____

Notes: _____

_____

_____

Date: _____

Tokens: _____

Notes: _____

_____

_____

Date: _____

Tokens: _____

Notes: _____

_____

_____

SENT	**RECEIVED**
Date:_____	Date:_____
Tokens: _____	Tokens: _____
Notes: _____	Notes: _____
_____	_____
_____	_____
Date:_____	Date:_____
Tokens: _____	Tokens: _____
Notes: _____	Notes: _____
_____	_____
_____	_____
Date:_____	Date:_____
Tokens: _____	Tokens: _____
Notes: _____	Notes: _____
_____	_____
_____	_____
Date:_____	Date:_____
Tokens: _____	Tokens: _____
Notes: _____	Notes: _____
_____	_____
_____	_____
Date:_____	Date:_____
Tokens: _____	Tokens: _____
Notes: _____	Notes: _____
_____	_____
_____	_____
Date:_____	Date:_____
Tokens: _____	Tokens: _____
Notes: _____	Notes: _____
_____	_____
_____	_____

Name: _____ _____

Address: _____

_____

City: _____ State: _____ Zip: _____

Country: _____ @ _____

Birthday: _____ Interests/Hobbies

_____ _____

_____ _____

_____ _____

SENT **RECEIVED**

Date: _____

Tokens: _____

Notes: _____

_____

_____

Date: _____

Tokens: _____

Notes: _____

_____

_____

Date: _____

Tokens: _____

Notes: _____

_____

_____

Date: _____

Tokens: _____

Notes: _____

_____

_____

Date: _____

Tokens: _____

Notes: _____

_____

_____

Date: _____

Tokens: _____

Notes: _____

_____

_____

SENT	RECEIVED

| SENT | RECEIVED |

SENT   **RECEIVED**

Date:_____   Date:_____
Tokens:_____   Tokens:_____
Notes:_____   Notes:_____
_____   _____
_____   _____

Date:_____   Date:_____
Tokens:_____   Tokens:_____
Notes:_____   Notes:_____
_____   _____
_____   _____

Date:_____   Date:_____
Tokens:_____   Tokens:_____
Notes:_____   Notes:_____
_____   _____
_____   _____

Date:_____   Date:_____
Tokens:_____   Tokens:_____
Notes:_____   Notes:_____
_____   _____
_____   _____

Date:_____   Date:_____
Tokens:_____   Tokens:_____
Notes:_____   Notes:_____
_____   _____
_____   _____

Date:_____   Date:_____
Tokens:_____   Tokens:_____
Notes:_____   Notes:_____
_____   _____
_____   _____

Name: _____ _____

Address: _____

_____

City: _____ State: _____ Zip: _____

Country: _____ @ _____

Birthday: _____ Interests/Hobbies

_____ _____

_____ _____

_____ _____

SENT   **RECEIVED**

Date: _____   Date: _____
Tokens: _____   Tokens: _____
Notes: _____   Notes: _____
_____   _____
_____   _____

Date: _____   Date: _____
Tokens: _____   Tokens: _____
Notes: _____   Notes: _____
_____   _____
_____   _____

Date: _____   Date: _____
Tokens: _____   Tokens: _____
Notes: _____   Notes: _____
_____   _____
_____   _____

SENT	**RECEIVED**

Date:_____
Tokens:_____
Notes: _____
_____
_____

Date:_____
Tokens:_____
Notes: _____
_____
_____

Date:_____
Tokens:_____
Notes: _____
_____
_____

Date:_____
Tokens:_____
Notes: _____
_____
_____

Date:_____
Tokens:_____
Notes: _____
_____
_____

Date:_____
Tokens:_____
Notes: _____
_____
_____

Date:_____
Tokens:_____
Notes: _____
_____
_____

Date:_____
Tokens:_____
Notes: _____
_____
_____

Date:_____
Tokens:_____
Notes: _____
_____
_____

Date:_____
Tokens:_____
Notes: _____
_____
_____

Date:_____
Tokens:_____
Notes: _____
_____
_____

Date:_____
Tokens:_____
Notes: _____
_____
_____

Name: _____ _____

Address: _____

_____

City: _____ State: _____ Zip: _____

Country: _____ @ _____

Birthday: _____ Interests/Hobbies

_____ _____

_____ _____

_____ _____

SENT

Date: _____
Tokens: _____
Notes: _____
_____
_____

Date: _____
Tokens: _____
Notes: _____
_____
_____

Date: _____
Tokens: _____
Notes: _____
_____
_____

RECEIVED

Date: _____
Tokens: _____
Notes: _____
_____
_____

Date: _____
Tokens: _____
Notes: _____
_____
_____

Date: _____
Tokens: _____
Notes: _____
_____
_____

SENT	**RECEIVED**
Date:_____	Date:_____
Tokens: _____	Tokens: _____
Notes: _____	Notes: _____
_____	_____
_____	_____
Date:_____	Date:_____
Tokens: _____	Tokens: _____
Notes: _____	Notes: _____
_____	_____
_____	_____
Date:_____	Date:_____
Tokens: _____	Tokens: _____
Notes: _____	Notes: _____
_____	_____
_____	_____
Date:_____	Date:_____
Tokens: _____	Tokens: _____
Notes: _____	Notes: _____
_____	_____
_____	_____
Date:_____	Date:_____
Tokens: _____	Tokens: _____
Notes: _____	Notes: _____
_____	_____
_____	_____
Date:_____	Date:_____
Tokens: _____	Tokens: _____
Notes: _____	Notes: _____
_____	_____
_____	_____

Name: _____ _____

Address: _____

_____

City: _____ State: _____ Zip: _____

Country: _____ @ _____

Birthday: _____ Interests/Hobbies

_____ _____

_____ _____

_____ _____

SENT	**RECEIVED**
Date: _____	Date: _____
Tokens: _____	Tokens: _____
Notes: _____	Notes: _____

Date: _____	Date: _____
Tokens: _____	Tokens: _____
Notes: _____	Notes: _____

Date: _____	Date: _____
Tokens: _____	Tokens: _____
Notes: _____	Notes: _____

SENT	**RECEIVED**
Date:_____	Date:_____
Tokens:_____	Tokens:_____
Notes:_____	Notes:_____
_____	_____
_____	_____
Date:_____	Date:_____
Tokens:_____	Tokens:_____
Notes:_____	Notes:_____
_____	_____
_____	_____
Date:_____	Date:_____
Tokens:_____	Tokens:_____
Notes:_____	Notes:_____
_____	_____
_____	_____
Date:_____	Date:_____
Tokens:_____	Tokens:_____
Notes:_____	Notes:_____
_____	_____
_____	_____
Date:_____	Date:_____
Tokens:_____	Tokens:_____
Notes:_____	Notes:_____
_____	_____
_____	_____
Date:_____	Date:_____
Tokens:_____	Tokens:_____
Notes:_____	Notes:_____
_____	_____
_____	_____

Name: _____ _____

Address: _____

_____

City: _____ State: _____ Zip: _____

Country: _____ @ _____

Birthday: _____ Interests/Hobbies

_____ _____

_____ _____

_____ _____

SENT	**RECEIVED**

Date: _____

Tokens: _____

Notes: _____

_____

_____

Date: _____

Tokens: _____

Notes: _____

_____

_____

Date: _____

Tokens: _____

Notes: _____

_____

_____

Date: _____

Tokens: _____

Notes: _____

_____

_____

Date: _____

Tokens: _____

Notes: _____

_____

_____

Date: _____

Tokens: _____

Notes: _____

_____

_____

SENT	**RECEIVED**
Date:_____	Date:_____
Tokens:_____	Tokens:_____
Notes: _____	Notes: _____
_____	_____
_____	_____
Date:_____	Date:_____
Tokens:_____	Tokens:_____
Notes: _____	Notes: _____
_____	_____
_____	_____
Date:_____	Date:_____
Tokens:_____	Tokens:_____
Notes: _____	Notes: _____
_____	_____
_____	_____
Date:_____	Date:_____
Tokens:_____	Tokens:_____
Notes: _____	Notes: _____
_____	_____
_____	_____
Date:_____	Date:_____
Tokens:_____	Tokens:_____
Notes: _____	Notes: _____
_____	_____
_____	_____
Date:_____	Date:_____
Tokens:_____	Tokens:_____
Notes: _____	Notes: _____
_____	_____
_____	_____

Name: _____ _____

Address: _____

_____

City: _____ State: _____ Zip: _____

Country: _____ @ _____

Birthday: _____ Interests/Hobbies

_____ _____

_____ _____

_____ _____

SENT

Date: _____
Tokens: _____
Notes: _____
_____
_____

Date: _____
Tokens: _____
Notes: _____
_____
_____

Date: _____
Tokens: _____
Notes: _____
_____
_____

RECEIVED

Date: _____
Tokens: _____
Notes: _____
_____
_____

Date: _____
Tokens: _____
Notes: _____
_____
_____

Date: _____
Tokens: _____
Notes: _____
_____
_____

SENT	**RECEIVED**
Date:_____	Date:_____
Tokens:_____	Tokens:_____
Notes:_____	Notes:_____
_____	_____
_____	_____
Date:_____	Date:_____
Tokens:_____	Tokens:_____
Notes:_____	Notes:_____
_____	_____
_____	_____
Date:_____	Date:_____
Tokens:_____	Tokens:_____
Notes:_____	Notes:_____
_____	_____
_____	_____
Date:_____	Date:_____
Tokens:_____	Tokens:_____
Notes:_____	Notes:_____
_____	_____
_____	_____
Date:_____	Date:_____
Tokens:_____	Tokens:_____
Notes:_____	Notes:_____
_____	_____
_____	_____
Date:_____	Date:_____
Tokens:_____	Tokens:_____
Notes:_____	Notes:_____
_____	_____
_____	_____

Name: _____ _____

Address: _____

_____

City: _____ State: _____ Zip: _____

Country: _____ @ _____

Birthday: _____ Interests/Hobbies

_____ _____

_____ _____

_____ _____

SENT	**RECEIVED**
Date: _____	Date: _____
Tokens: _____	Tokens: _____
Notes: _____	Notes: _____
_____	_____
_____	_____
Date: _____	Date: _____
Tokens: _____	Tokens: _____
Notes: _____	Notes: _____
_____	_____
_____	_____
Date: _____	Date: _____
Tokens: _____	Tokens: _____
Notes: _____	Notes: _____
_____	_____
_____	_____

SENT	**RECEIVED**
Date:_____	Date:_____
Tokens:_____	Tokens:_____
Notes:_____	Notes:_____
_____	_____
_____	_____
Date:_____	Date:_____
Tokens:_____	Tokens:_____
Notes:_____	Notes:_____
_____	_____
_____	_____
Date:_____	Date:_____
Tokens:_____	Tokens:_____
Notes:_____	Notes:_____
_____	_____
_____	_____
Date:_____	Date:_____
Tokens:_____	Tokens:_____
Notes:_____	Notes:_____
_____	_____
_____	_____
Date:_____	Date:_____
Tokens:_____	Tokens:_____
Notes:_____	Notes:_____
_____	_____
_____	_____
Date:_____	Date:_____
Tokens:_____	Tokens:_____
Notes:_____	Notes:_____
_____	_____
_____	_____

Name: _____ _____

Address: _____

_____

City: _____ State: _____ Zip: _____

Country: _____ @ _____

Birthday: _____ Interests/Hobbies

_____ _____

_____ _____

_____ _____

SENT   **RECEIVED**

Date:_____   Date:_____

Tokens: _____   Tokens: _____

Notes: _____   Notes: _____

_____   _____

_____   _____

Date:_____   Date:_____

Tokens: _____   Tokens: _____

Notes: _____   Notes: _____

_____   _____

_____   _____

Date:_____   Date:_____

Tokens: _____   Tokens: _____

Notes: _____   Notes: _____

_____   _____

_____   _____

SENT	**RECEIVED**

Date:_____
Tokens:_____
Notes: _____
_____
_____

Date:_____
Tokens: _____
Notes: _____
_____
_____

Date:_____
Tokens:_____
Notes: _____
_____
_____

Date:_____
Tokens: _____
Notes: _____
_____
_____

Date:_____
Tokens: _____
Notes: _____
_____
_____

Date:_____
Tokens: _____
Notes: _____
_____
_____

Date:_____
Tokens:_____
Notes: _____
_____
_____

Date:_____
Tokens: _____
Notes: _____
_____
_____

Date:_____
Tokens:_____
Notes: _____
_____
_____

Date:_____
Tokens: _____
Notes: _____
_____
_____

Date:_____
Tokens:_____
Notes: _____
_____
_____

Date:_____
Tokens: _____
Notes: _____
_____
_____

Name: _____ _____

Address: _____

_____

City: _____ State: _____ Zip: _____

Country: _____ @ _____

Birthday: _____ Interests/Hobbies

_____ _____

_____ _____

_____ _____

SENT **RECEIVED**

Date: _____   Date: _____
Tokens: _____   Tokens: _____
Notes: _____   Notes: _____
_____   _____
_____   _____

Date: _____   Date: _____
Tokens: _____   Tokens: _____
Notes: _____   Notes: _____
_____   _____
_____   _____

Date: _____   Date: _____
Tokens: _____   Tokens: _____
Notes: _____   Notes: _____
_____   _____
_____   _____

SENT	**RECEIVED**

Date:_____
Tokens:_____
Notes:_____
_____
_____

Date:_____
Tokens:_____
Notes:_____
_____
_____

Date:_____
Tokens:_____
Notes:_____
_____
_____

Date:_____
Tokens:_____
Notes:_____
_____
_____

Date:_____
Tokens:_____
Notes:_____
_____
_____

Date:_____
Tokens:_____
Notes:_____
_____
_____

Date:_____
Tokens:_____
Notes:_____
_____
_____

Date:_____
Tokens:_____
Notes:_____
_____
_____

Date:_____
Tokens:_____
Notes:_____
_____
_____

Date:_____
Tokens:_____
Notes:_____
_____
_____

Date:_____
Tokens:_____
Notes:_____
_____
_____

Date:_____
Tokens:_____
Notes:_____
_____
_____

Name: _____ _____

Address: _____

_____

City: _____ State: _____ Zip: _____

Country: _____ @ _____

Birthday: _____ Interests/Hobbies

_____ _____

_____ _____

_____ _____

SENT   **RECEIVED**

Date:_____   Date:_____
Tokens:_____   Tokens:_____
Notes: _____   Notes: _____
_____   _____
_____   _____

Date:_____   Date:_____
Tokens:_____   Tokens:_____
Notes: _____   Notes: _____
_____   _____
_____   _____

Date:_____   Date:_____
Tokens:_____   Tokens:_____
Notes: _____   Notes: _____
_____   _____
_____   _____

| SENT | RECEIVED |

Date:_____
Tokens: _____
Notes: _____
_____
_____

Date:_____
Tokens: _____
Notes: _____
_____
_____

Date:_____
Tokens: _____
Notes: _____
_____
_____

Date:_____
Tokens: _____
Notes: _____
_____
_____

Date:_____
Tokens: _____
Notes: _____
_____
_____

Date:_____
Tokens: _____
Notes: _____
_____
_____

Date:_____
Tokens: _____
Notes: _____
_____
_____

Date:_____
Tokens: _____
Notes: _____
_____
_____

Date:_____
Tokens: _____
Notes: _____
_____
_____

Date:_____
Tokens: _____
Notes: _____
_____
_____

Date:_____
Tokens: _____
Notes: _____
_____
_____

Date:_____
Tokens: _____
Notes: _____
_____
_____

Name: _____ _____

Address: _____

_____

City: _____ State: _____ Zip: _____

Country: _____ @ _____

Birthday: _____ Interests/Hobbies

_____ _____

_____ _____

_____ _____

SENT

Date: _____
Tokens: _____
Notes: _____
_____
_____

Date: _____
Tokens: _____
Notes: _____
_____
_____

Date: _____
Tokens: _____
Notes: _____
_____
_____

RECEIVED

Date: _____
Tokens: _____
Notes: _____
_____
_____

Date: _____
Tokens: _____
Notes: _____
_____
_____

Date: _____
Tokens: _____
Notes: _____
_____
_____

SENT	**RECEIVED**

Date:_____
Tokens:_____
Notes: _____
_____
_____

Date:_____
Tokens: _____
Notes: _____
_____
_____

Date:_____
Tokens: _____
Notes: _____
_____
_____

Date:_____
Tokens: _____
Notes: _____
_____
_____

Date:_____
Tokens:_____
Notes: _____
_____
_____

Date:_____
Tokens: _____
Notes: _____
_____
_____

Date:_____
Tokens:_____
Notes: _____
_____
_____

Date:_____
Tokens: _____
Notes: _____
_____
_____

Date:_____
Tokens:_____
Notes: _____
_____
_____

Date:_____
Tokens: _____
Notes: _____
_____
_____

Date:_____
Tokens:_____
Notes: _____
_____
_____

Date:_____
Tokens: _____
Notes: _____
_____
_____

Name: _____ _____

Address: _____

_____

City: _____ State: _____ Zip: _____

Country: _____ @ _____

Birthday: _____ Interests/Hobbies

_____ _____
_____ _____
_____ _____

SENT	**RECEIVED**

Date: _____

Tokens: _____

Notes: _____

_____

_____

Date: _____

Tokens: _____

Notes: _____

_____

_____

Date: _____

Tokens: _____

Notes: _____

_____

_____

Date: _____

Tokens: _____

Notes: _____

_____

_____

Date: _____

Tokens: _____

Notes: _____

_____

_____

Date: _____

Tokens: _____

Notes: _____

_____

_____

SENT	RECEIVED

SENT   **RECEIVED**

Date:_____   Date:_____
Tokens: _____   Tokens: _____
Notes: _____   Notes: _____
_____   _____
_____   _____

Date:_____   Date:_____
Tokens: _____   Tokens: _____
Notes: _____   Notes: _____
_____   _____
_____   _____

Date:_____   Date:_____
Tokens: _____   Tokens: _____
Notes: _____   Notes: _____
_____   _____
_____   _____

Date:_____   Date:_____
Tokens: _____   Tokens: _____
Notes: _____   Notes: _____
_____   _____
_____   _____

Date:_____   Date:_____
Tokens: _____   Tokens: _____
Notes: _____   Notes: _____
_____   _____
_____   _____

Date:_____   Date:_____
Tokens: _____   Tokens: _____
Notes: _____   Notes: _____
_____   _____
_____   _____

Name: _____ _____

Address: _____

_____

City: _____ State: _____ Zip: _____

Country: _____ @ _____

Birthday: _____ Interests/Hobbies

_____ _____

_____ _____

_____ _____

SENT **RECEIVED**

Date:_____
Tokens: _____
Notes: _____
_____
_____

Date:_____
Tokens: _____
Notes: _____
_____
_____

Date:_____
Tokens: _____
Notes: _____
_____
_____

Date:_____
Tokens: _____
Notes: _____
_____
_____

Date:_____
Tokens: _____
Notes: _____
_____
_____

Date:_____
Tokens: _____
Notes: _____
_____
_____

SENT   ## RECEIVED

Date:_____   Date:_____
Tokens:_____   Tokens:_____
Notes:_____   Notes:_____
_____   _____
_____   _____

Date:_____   Date:_____
Tokens:_____   Tokens:_____
Notes:_____   Notes:_____
_____   _____
_____   _____

Date:_____   Date:_____
Tokens:_____   Tokens:_____
Notes:_____   Notes:_____
_____   _____
_____   _____

Date:_____   Date:_____
Tokens:_____   Tokens:_____
Notes:_____   Notes:_____
_____   _____
_____   _____

Date:_____   Date:_____
Tokens:_____   Tokens:_____
Notes:_____   Notes:_____
_____   _____
_____   _____

Date:_____   Date:_____
Tokens:_____   Tokens:_____
Notes:_____   Notes:_____
_____   _____
_____   _____

Name: _____ _____

Address: _____

_____

City: _____ State: _____ Zip: _____

Country: _____ @ _____

Birthday: _____ Interests/Hobbies

_____ _____

_____ _____

_____ _____

SENT

Date: _____
Tokens: _____
Notes: _____
_____
_____

Date: _____
Tokens: _____
Notes: _____
_____
_____

Date: _____
Tokens: _____
Notes: _____
_____
_____

RECEIVED

Date: _____
Tokens: _____
Notes: _____
_____
_____

Date: _____
Tokens: _____
Notes: _____
_____
_____

Date: _____
Tokens: _____
Notes: _____
_____
_____

SENT	**RECEIVED**
Date:_____	Date:_____
Tokens:_____	Tokens:_____
Notes: _____	Notes: _____
_____	_____
_____	_____
Date:_____	Date:_____
Tokens:_____	Tokens:_____
Notes: _____	Notes: _____
_____	_____
_____	_____
Date:_____	Date:_____
Tokens:_____	Tokens:_____
Notes: _____	Notes: _____
_____	_____
_____	_____
Date:_____	Date:_____
Tokens:_____	Tokens:_____
Notes: _____	Notes: _____
_____	_____
_____	_____
Date:_____	Date:_____
Tokens:_____	Tokens:_____
Notes: _____	Notes: _____
_____	_____
_____	_____
Date:_____	Date:_____
Tokens:_____	Tokens:_____
Notes: _____	Notes: _____
_____	_____
_____	_____

Name: _____ _____

Address: _____

_____

City: _____ State: _____ Zip: _____

Country: _____ @ _____

Birthday: _____ Interests/Hobbies

_____ _____

_____ _____

_____ _____

SENT

Date: _____
Tokens: _____
Notes: _____
_____
_____

Date: _____
Tokens: _____
Notes: _____
_____
_____

Date: _____
Tokens: _____
Notes: _____
_____
_____

RECEIVED

Date: _____
Tokens: _____
Notes: _____
_____
_____

Date: _____
Tokens: _____
Notes: _____
_____
_____

Date: _____
Tokens: _____
Notes: _____
_____
_____

SENT	**RECEIVED**
Date:_____	Date:_____
Tokens: _____	Tokens: _____
Notes:_____	Notes:_____
_____	_____
_____	_____
Date:_____	Date:_____
Tokens: _____	Tokens: _____
Notes: _____	Notes: _____
_____	_____
_____	_____
Date:_____	Date:_____
Tokens:_____	Tokens:_____
Notes: _____	Notes: _____
_____	_____
_____	_____
Date:_____	Date:_____
Tokens: _____	Tokens: _____
Notes: _____	Notes: _____
_____	_____
_____	_____
Date:_____	Date:_____
Tokens: _____	Tokens: _____
Notes: _____	Notes: _____
_____	_____
_____	_____
Date:_____	Date:_____
Tokens: _____	Tokens: _____
Notes: _____	Notes: _____
_____	_____
_____	_____

Name: _____ _____
Address: _____
_____
City: _____ State: _____ Zip: _____
Country: _____ @ _____
Birthday: _____ Interests/Hobbies
_____ _____
_____ _____
_____ _____

SENT   **RECEIVED**

Date:_____   Date:_____
Tokens: _____   Tokens: _____
Notes: _____   Notes: _____
_____   _____
_____   _____

Date:_____   Date:_____
Tokens: _____   Tokens: _____
Notes: _____   Notes: _____
_____   _____
_____   _____

Date:_____   Date:_____
Tokens: _____   Tokens: _____
Notes: _____   Notes: _____
_____   _____
_____   _____

SENT	**RECEIVED**
Date:_____	Date:_____
Tokens: _____	Tokens: _____
Notes: _____	Notes: _____
_____	_____
_____	_____
Date:_____	Date:_____
Tokens: _____	Tokens: _____
Notes: _____	Notes: _____
_____	_____
_____	_____
Date:_____	Date:_____
Tokens: _____	Tokens: _____
Notes: _____	Notes: _____
_____	_____
_____	_____
Date:_____	Date:_____
Tokens: _____	Tokens: _____
Notes: _____	Notes: _____
_____	_____
_____	_____
Date:_____	Date:_____
Tokens: _____	Tokens: _____
Notes: _____	Notes: _____
_____	_____
_____	_____
Date:_____	Date:_____
Tokens: _____	Tokens: _____
Notes: _____	Notes: _____
_____	_____
_____	_____

Name: _____ _____

Address: _____

_____

City: _____ State: _____ Zip: _____

Country: _____ @ _____

Birthday: _____ Interests/Hobbies

_____ _____

_____ _____

_____ _____

SENT

Date:_____
Tokens: _____
Notes: _____
_____
_____

Date:_____
Tokens: _____
Notes: _____
_____
_____

Date:_____
Tokens: _____
Notes: _____
_____
_____

RECEIVED

Date:_____
Tokens: _____
Notes: _____
_____
_____

Date:_____
Tokens: _____
Notes: _____
_____
_____

Date:_____
Tokens: _____
Notes: _____
_____
_____

SENT	**RECEIVED**
Date:_____	Date:_____
Tokens:_____	Tokens:_____
Notes:_____	Notes:_____
_____	_____
_____	_____
Date:_____	Date:_____
Tokens:_____	Tokens:_____
Notes:_____	Notes:_____
_____	_____
_____	_____
Date:_____	Date:_____
Tokens:_____	Tokens:_____
Notes:_____	Notes:_____
_____	_____
_____	_____
Date:_____	Date:_____
Tokens:_____	Tokens:_____
Notes:_____	Notes:_____
_____	_____
_____	_____
Date:_____	Date:_____
Tokens:_____	Tokens:_____
Notes:_____	Notes:_____
_____	_____
_____	_____
Date:_____	Date:_____
Tokens:_____	Tokens:_____
Notes:_____	Notes:_____
_____	_____
_____	_____

Name: _____ _____

Address: _____

_____

City: _____ State: _____ Zip: _____

Country: _____ @ _____

Birthday: _____ Interests/Hobbies

_____ _____

_____ _____

_____ _____

SENT

Date: _____

Tokens: _____

Notes: _____

_____

_____

Date: _____

Tokens: _____

Notes: _____

_____

_____

Date: _____

Tokens: _____

Notes: _____

_____

_____

RECEIVED

Date: _____

Tokens: _____

Notes: _____

_____

_____

Date: _____

Tokens: _____

Notes: _____

_____

_____

Date: _____

Tokens: _____

Notes: _____

_____

_____

SENT	**RECEIVED**
Date:_____	Date:_____
Tokens: _____	Tokens: _____
Notes: _____	Notes: _____
_____	_____
_____	_____
Date:_____	Date:_____
Tokens: _____	Tokens: _____
Notes: _____	Notes: _____
_____	_____
_____	_____
Date:_____	Date:_____
Tokens: _____	Tokens: _____
Notes: _____	Notes: _____
_____	_____
_____	_____
Date:_____	Date:_____
Tokens: _____	Tokens: _____
Notes: _____	Notes: _____
_____	_____
_____	_____
Date:_____	Date:_____
Tokens: _____	Tokens: _____
Notes: _____	Notes: _____
_____	_____
_____	_____
Date:_____	Date:_____
Tokens: _____	Tokens: _____
Notes: _____	Notes: _____
_____	_____
_____	_____

Name: _____ _____

Address: _____

_____

City: _____ State: _____ Zip: _____

Country: _____ @ _____

Birthday: _____ Interests/Hobbies

_____ _____

_____ _____

_____ _____

SENT   **RECEIVED**

Date: _____   Date: _____

Tokens: _____   Tokens: _____

Notes: _____   Notes: _____

_____ _____

_____ _____

Date: _____   Date: _____

Tokens: _____   Tokens: _____

Notes: _____   Notes: _____

_____ _____

_____ _____

Date: _____   Date: _____

Tokens: _____   Tokens: _____

Notes: _____   Notes: _____

_____ _____

_____ _____

SENT	**RECEIVED**
Date:_____	Date:_____
Tokens: _____	Tokens:_____
Notes: _____	Notes: _____
_____	_____
_____	_____
Date:_____	Date:_____
Tokens: _____	Tokens: _____
Notes: _____	Notes: _____
_____	_____
_____	_____
Date:_____	Date:_____
Tokens:_____	Tokens: _____
Notes: _____	Notes: _____
_____	_____
_____	_____
Date:_____	Date:_____
Tokens: _____	Tokens: _____
Notes: _____	Notes: _____
_____	_____
_____	_____
Date:_____	Date:_____
Tokens:_____	Tokens:_____
Notes: _____	Notes: _____
_____	_____
_____	_____
Date:_____	Date:_____
Tokens:_____	Tokens: _____
Notes: _____	Notes: _____
_____	_____
_____	_____

Name: _____ _____

Address: _____

_____

City: _____ State: _____ Zip: _____

Country: _____ @ _____

Birthday: _____ Interests/Hobbies

_____ _____

_____ _____

_____ _____

SENT

Date: _____
Tokens: _____
Notes: _____
_____
_____

Date: _____
Tokens: _____
Notes: _____
_____
_____

Date: _____
Tokens: _____
Notes: _____
_____
_____

RECEIVED

Date: _____
Tokens: _____
Notes: _____
_____
_____

Date: _____
Tokens: _____
Notes: _____
_____
_____

Date: _____
Tokens: _____
Notes: _____
_____
_____

SENT	**RECEIVED**
Date:_____	Date:_____
Tokens:_____	Tokens:_____
Notes: _____	Notes: _____
_____	_____
_____	_____
Date:_____	Date:_____
Tokens:_____	Tokens:_____
Notes: _____	Notes: _____
_____	_____
_____	_____
Date:_____	Date:_____
Tokens:_____	Tokens:_____
Notes: _____	Notes: _____
_____	_____
_____	_____
Date:_____	Date:_____
Tokens:_____	Tokens:_____
Notes: _____	Notes: _____
_____	_____
_____	_____
Date:_____	Date:_____
Tokens:_____	Tokens:_____
Notes: _____	Notes: _____
_____	_____
_____	_____
Date:_____	Date:_____
Tokens:_____	Tokens:_____
Notes: _____	Notes: _____
_____	_____
_____	_____

Name: _____ _____

Address: _____

_____

City: _____ State: _____ Zip: _____

Country: _____ @ _____

Birthday: _____ Interests/Hobbies

_____ _____

_____ _____

_____ _____

SENT

Date: _____
Tokens: _____
Notes: _____
_____
_____

Date: _____
Tokens: _____
Notes: _____
_____
_____

Date: _____
Tokens: _____
Notes: _____
_____
_____

RECEIVED

Date: _____
Tokens: _____
Notes: _____
_____
_____

Date: _____
Tokens: _____
Notes: _____
_____
_____

Date: _____
Tokens: _____
Notes: _____
_____
_____

SENT	**RECEIVED**
Date:_____	Date:_____
Tokens: _____	Tokens: _____
Notes: _____	Notes: _____
_____	_____
_____	_____
Date:_____	Date:_____
Tokens: _____	Tokens: _____
Notes: _____	Notes: _____
_____	_____
_____	_____
Date:_____	Date:_____
Tokens: _____	Tokens: _____
Notes: _____	Notes: _____
_____	_____
_____	_____
Date:_____	Date:_____
Tokens: _____	Tokens: _____
Notes: _____	Notes: _____
_____	_____
_____	_____
Date:_____	Date:_____
Tokens: _____	Tokens: _____
Notes: _____	Notes: _____
_____	_____
_____	_____
Date:_____	Date:_____
Tokens: _____	Tokens: _____
Notes: _____	Notes: _____
_____	_____
_____	_____

Name: _____ _____

Address: _____

_____

City: _____ State: _____ Zip: _____

Country: _____ @ _____

Birthday: _____ Interests/Hobbies

_____ _____

_____ _____

_____ _____

SENT

Date:_____
Tokens: _____
Notes: _____
_____
_____

Date:_____
Tokens: _____
Notes: _____
_____
_____

Date:_____
Tokens: _____
Notes: _____
_____
_____

RECEIVED

Date:_____
Tokens: _____
Notes: _____
_____
_____

Date:_____
Tokens: _____
Notes: _____
_____
_____

Date:_____
Tokens: _____
Notes: _____
_____
_____

SENT	**RECEIVED**
Date:_____	Date:_____
Tokens: _____	Tokens:_____
Notes: _____	Notes: _____
_____	_____
_____	_____
Date:_____	Date:_____
Tokens: _____	Tokens:_____
Notes: _____	Notes: _____
_____	_____
_____	_____
Date:_____	Date:_____
Tokens:_____	Tokens: _____
Notes: _____	Notes: _____
_____	_____
_____	_____
Date:_____	Date:_____
Tokens:_____	Tokens: _____
Notes: _____	Notes: _____
_____	_____
_____	_____
Date:_____	Date:_____
Tokens:_____	Tokens:_____
Notes: _____	Notes: _____
_____	_____
_____	_____
Date:_____	Date:_____
Tokens:_____	Tokens:_____
Notes: _____	Notes: _____
_____	_____
_____	_____

Name: _____ _____

Address: _____

_____

City: _____ State: _____ Zip: _____

Country: _____ @ _____

Birthday: _____ Interests/Hobbies

_____ _____

_____ _____

_____ _____

SENT   **RECEIVED**

Date: _____   Date: _____
Tokens: _____ Tokens: _____
Notes: _____ Notes: _____
_____   _____
_____   _____

Date: _____   Date: _____
Tokens: _____ Tokens: _____
Notes: _____ Notes: _____
_____   _____
_____   _____

Date: _____   Date: _____
Tokens: _____ Tokens: _____
Notes: _____ Notes: _____
_____   _____
_____   _____

SENT	**RECEIVED**

Date:_____
Tokens:_____
Notes:_____
_____
_____

Date:_____
Tokens:_____
Notes:_____
_____
_____

Date:_____
Tokens:_____
Notes:_____
_____
_____

Date:_____
Tokens:_____
Notes:_____
_____
_____

Date:_____
Tokens:_____
Notes:_____
_____
_____

Date:_____
Tokens:_____
Notes:_____
_____
_____

Date:_____
Tokens:_____
Notes:_____
_____
_____

Date:_____
Tokens:_____
Notes:_____
_____
_____

Date:_____
Tokens:_____
Notes:_____
_____
_____

Date:_____
Tokens:_____
Notes:_____
_____
_____

Date:_____
Tokens:_____
Notes:_____
_____
_____

Date:_____
Tokens:_____
Notes:_____
_____
_____

Printed in Great Britain
by Amazon

42154646R00069